© Nathanaël AMAH , 2019(J9CR1K7 )

Tous droits de reproduction, d'adaptation et de traduction, intégrale ou partielle réservés pour tous pays.
L'auteur est seul propriétaire des droits et responsable du contenu de cet ouvrage

1              Que dire de plus ?
© Nathanaël AMAH , 2019  NATHAM Collection

Que dire de plus ?

Du même auteur :


(E-books & version papier)

- Somewhere in Vladivostok
- Harcèlement                                (éd. BOD)
- Harassment                                (éd. BOD)
- Acoso                                      (éd. BOD)
- Neith (La mystérieuse Nubienne)            (éd. BOD)
- The Nubian (The mysterious Neith)          (éd. BOD)
- Les macarons                               (éd. BOD)
- La veuve PLYNN                             (éd. BOD)
- Instants ultimes                           (éd. BOD)


(www.bod.fr)


Couverture : l'auteur


       Que dire de plus ?

# QUE DIRE DE PLUS ?

ESSAI

(Part 1 & 2)

5

Que dire de plus ?

# Avertissement


« *La connaissance de l'homme ne peut pas s'étendre au-delà de son expérience propre.* »

a écrit LOCKE dans son essai sur l'entendement humain publié en 1689.

Mais de nos jours, l'observation du genre humain est facilitée par les divers moyens dont nous disposons pour parvenir à dépasser nos propres expériences, et ainsi appréhender les multiples et étonnantes facettes de l'homme pris individuellement ou dans le cadre des organisations au sein desquelles il évolue, derrière lesquelles il peut s'abriter pour se protéger ou pour tirer les ficelles.

     Que dire de plus ?

Nous sommes fascinés par la capacité dévolue à l'homme dit « moderne » de pouvoir tirer son épingle du jeu en s'adaptant aux conditions de vie difficiles et insurmontables.

Dès lors, il est aisé de faire le parallèle avec le monde animal et/ou végétal, mettant ainsi fin au scepticisme qui nous habite et qui tend à nous conforter dans l'idée que les ressources de l'homme *(sa capacité innée à s'adapter)* sont limitées.

Il m'a semblé intéressant de m'atteler *( très modestement )* à ce travail de réflexion que j'ai le plaisir de  soumettre à votre analyse.

Cet ouvrage se décline en deux parties indépendantes, mais dont le but ultime est de se compléter dans cette réflexion visant à comprendre l'homme dans toute sa complexité dans ses rapports avec ses semblables.

# PART 1

9

Que dire de plus ?

# L'ÉGOÏSME DU PAUVRE



Que dire de plus ?

11                    Que dire de plus ?

« *L'égoïsme des autres ne nous fait pas plus de mal que l'esprit de sacrifice de ceux qui nous aiment* »   *(Jean Grenier)*

13          Que dire de plus ?

# 1

**Le point de départ de ma réflexion**

Je reçus très récemment via les réseaux sociaux, la vidéo de l'écrivaine franco sénégalaise Fatou DIOME (auteure entre-autre du roman « Le ventre de l'Atlantique ») dissertant sur la nécessité pour les africains de se sentir responsables aux fins de prendre leur destin en main, et ne plus entretenir l'illusion d'une hypothétique aide en provenance de l'occident pour les aider à s'en sortir, car dit-elle, si l'occident devait aider l'Afrique, ce serait déjà fait.

Avis que je partage tout à fait, et que le plus grand nombre *(sans aucun doute)* partage avec moi.

Pour elle, il ne s'agit pas d'une question de moyens mais bel et bien d'une volonté politique : il suffit d'affecter par exemple l'équivalent du budget de tel ou tel événement de divertissement (genre coupe du monde) au développement de tel ou tel pays d'Afrique déclaré éligible pour participer au programme de développement global du continent africain.

Une question de prise de conscience, maintes fois évoquée au cours de l'histoire du développement de l'Afrique.

Fatou DIOME déplore que le maître mot dans les hautes sphères de la classe politique africaine est :

*« Il faut nous aider ! Il faut nous aider ! »*

Quand notre maison brûle, nous ne pouvons attendre l'aide du voisin. Nous devons entreprendre nous-mêmes cette nécessaire action qui consiste à éteindre cet incendie qui ravage notre maison, ajoute-t-elle. Le voisin de bonne volonté se joindra à nous plus tard, si c'est son souhait, et de manière totalement désintéressée. Cela va de soi.

Je souris. Vous aussi ? Pure utopie ?

Ce qui est certain ajoute-t-elle, c'est que le peuple africain travaille et lutte de manière courageuse et insensée pour son devenir.

Ce qui est tout à son honneur.

Mais est-il suffisamment conscient de cette réalité qui consiste à affirmer que son destin se trouve dans ses propres mains ?

Ce peuple africain sait pertinemment que les conditions de sa réussite ne seront pas favorisées par un apport extérieur, par conséquent, tout ne lui tombera pas tout cuit du ciel.

S'il croit le contraire, il risque de se tromper lourdement, précise Fatou DIOME.

Le simple fait de tomber dans la rue et de ne voir personne venir nous porter secours, est le reflet significatif de cette illusion que nous nous faisons en ce qui concerne les aides venues de l'extérieur.

Cela peut se décliner à l'échelle d'un village, d'un pays ou d'un continent.

De nos jours, à l'échelle du continent africain, la sacro-sainte solidarité africaine qui est une tradition et qui consiste à porter assistance aux plus démunis, est mise à rude épreuve.

Il faut oser dire que cette solidarité est devenue tronquée, hypocrite, en un mot dévoyée.

Cela n'empêche pas de noter qu'il subsiste des parasites qui profitent de la générosité des uns et des autres.

Cette situation ne doit pas occulter la responsabilité pour tout un chacun d'assumer son devoir inaliénable d'assurer sa propre existence, en dépit du fait qu'au départ, nous n'avons pas les mêmes chances de réussite.

Cette inégalité devant les chances de réussite permet de justifier paradoxalement cette obligation impérieuse de l'entre-aide pour permettre aux gens les moins bien lotis, d'avancer dans la vie.

Cette entre-aide ne doit pas créer les conditions détestables d'une vie entière sous assistance permanente : ne pas se croiser les bras et se dire que quelqu'un va nous nourrir toute la vie.

Alors, comment trouver le juste équilibre entre l'Afrique et l'occident ?

Comment définir la relation entre le clan resté au pays et l'exilé évoluant en occident ?

Ce questionnement permet d'observer qu'il existe d'un côté, la culture du partage et de l'autre, un penchant prononcé *(voire naturel)* pour l'indifférence que d'aucun, sans appel qualifierait d'égoïsme du nanti vis à vis du moins bien loti.

Au final, on observe que cette culture du partage peut produire des effets pervers c'est à dire, permettre aux moins bien lotis de prendre l'ascendant sur les supposés nantis.

Ce, dans la mesure où, ces gens moins bien lotis comptent sur la tradition du partage pour prendre en otage la conscience de ceux-là même qui sont sensés se préoccuper de leur sort.

Ainsi, le retour au pays est synonyme de prise de tête due à l'obligation (que l'on s'impose) de ne pas rentrer les mains vides. Ce qui coûte un bras à chaque fois.

Certains renoncent même parfois à retourner en vacances au pays.

Ce système traditionnel du partage crée ainsi les conditions inévitables de l'apparition d'un « esclavage » qui ne dit pas son nom, et dans lequel les candidats au retour sont englués de par les obligations qui leur sont faites de satisfaire aux exigences dudit système traditionnel du partage. Ainsi, ces candidats au retour travaillent pour entretenir des gens qui psychologiquement, vivent mieux qu'eux.

C'est le monde à l'envers.

 Vous en conviendrez aisément.

Les « malheureux » candidats au retour, ne peuvent s'imaginer qu'ils sont devenus de fait, les objets d'une instrumentalisation au nom de ce système traditionnel de partage qui est vidé de sa substance.

Un modèle social qui s'est peu à peu transformé en un capitalisme larvé : profiter des largesses de l'autre pour conserver ses acquis, sans toutefois se soucier de prendre en considération le bien-être de celui qui est sensé se sacrifier et donner sans compter pour la satisfaction du clan resté au pays.

D'autre part, le clan n'oublie pas de rappeler

les devoirs de l'exilé vis à vis de lui, mais s'exonère (sans honte) d'exécuter ses propres obligations de soutien et de considération à l'égard de l'exilé.

Ainsi, l'exilé qui n'a rien à attendre du clan, (ni sollicitude, ni amour ), se trouve au centre d'une situation pervertie,  confronté à ce que l'on pourrait appeler « l'égoïsme du pauvre ».

Cette expression formulée par Fatou DIOME a retenu toute mon attention, et me conduit à en explorer les contours.

# 2

**L'égoïsme du pauvre : un  paradoxe ?**

Comment appréhender la juxtaposition de ces deux termes qui constituent l'association de deux notions contradictoires ?

Même si la langue française (langue extrêmement subtile de surcroît d'un point de vue de la sémantique) offre la possibilité de juxtaposer des termes antinomiques, elle permet ainsi et parfois cette audace littéraire qui consiste à trouver des formules inattendues qui décrivent de manière parfaite (voire choquante dans une certaine mesure) une situation que d'aucun qualifierait d'emblée d'improbable.

Cette visualisation de tel ou tel phénomène social et / ou économique, permise par cette juxtaposition, conduit l'auditeur / l'auditrice, le lecteur / la lectrice à percevoir une certaine réalité qui n'aurait pas à première vue, de fondement pour le commun des mortels.

Ceci dit, comment un pauvre (personne censée vivre de la charité des autres) puisse se permettre d'être égoïste ?

Vaste débat en effet.

Cela m'amène à m'interroger sur la question centrale de savoir ce qu'est l'égoïsme ?

Un état d'esprit ? Un tempérament ?

Un état d'esprit en rapport avec une certaine mentalité ? Des dispositions psychologiques ou morales ? Un ensemble de croyances et d'habitudes de tel ou tel individu ?

Placé dans le contexte qui nous intéresse, la réponse serait sans hésitation  non.

L'égoïsme pourrait-il alors être assimilé à un tempérament c'est à dire,  au fondement de la personnalité propre d'un individu, ne tenant pas compte de son statut social, ni pauvre ni riche ?

Pour simplifier, l'égoïste, n'est-ce pas cette personne qui met tout en œuvre pour maximiser la satisfaction de ses intérêts propres si l'on s'en tient à l'idée commune que l'on se fait de l'égoïsme ?

Oui mais, comment parvient-il à cela ?

Les conditions primordiales permettant à un tel individu d'adopter cette posture aussi décriée et aussi détestable face à ses semblables, ne sont pas évidentes de prime abord. Surtout si, en illustration des propos contenus dans cet ouvrage, nous nous mettons à la place d'une  personne réputée pauvre qui de surcroît, veut paraître comme

          Que dire de plus ?

(ou se faire passer pour) un égoïste selon l'idée que nous nous faisons de l'égoïsme.

D'autre part, et toujours dans cette même logique de pensée que j'essaie de développer, nous pouvons évoquer l'idée d'une totale liberté d'action comme la base de toute réflexion visant à définir ou à qualifier le caractère intrinsèque d'une personne réputée égoïste.

Cette liberté d'action étant elle-même induite par la capacité pour cet individu de s'autodéterminer au sein de la société humaine.

Je rappelle que l'autodétermination se résume à la capacité dévolue à un individu d'opérer ses propres choix dans sa vie de tous les jours.

En clair, se payer un luxe qui n'est pas à la portée du premier venu, d'où le paradoxe dans le contexte de cet ouvrage.

Mais après tout, pourquoi ne pourrait-on pas être pauvre et égoïste ?

Qu'est-ce qu'il y a de paradoxal à être pauvre et égoïste ?

Face à ce questionnement, quelles sont les options qui s'offrent à la personne pauvre réputée égoïste ?

J'en vois deux principales :

—        s'autodéterminer (comme cela a été souligné précédemment) à savoir être à même de choisir sa façon d'être dans sa vie,
—        réaliser son destin en se plaçant sous l'influence ( ou bien en se servant de l'influence ) de son entourage, un peu comme un voilier sans gouvernail qui avancerait sur les flots au gré de la direction du vent.

La première option se définissant comme sa soumission à sa propre liberté, une liberté qui lui coûterait extrêmement cher et qui le priverait de ce plus que l'existence pourrait lui offrir pour son plus grand bonheur.

La seconde option pouvant se résumer à la possibilité pour nous de justifier cette forme d'esclavage librement consentie dans laquelle la personne pauvre réputée égoïste pourrait s'enfermer et se complaire.

Une autre façon d'appréhender ce sujet qui nous préoccupe, serait de se demander si l'égoïste n'est pas tout simplement un égocentrique qui s'ignore ?

Dans cette hypothèse, l'égocentrisme serait-il cette tendance caractérisée à tout ramener à soi, aux fins de considérer ses idées comme les plus importantes, les plus pertinentes, dans le cadre de ses échanges avec les autres ?

Au final, de penser être la personne de référence à tous les points de vue dans la vie courante, dans les rapports avec les autres.

Mais force est de constater que, l'égoïsme et l'égocentrisme sont deux notions qui nous confortent dans l'idée que, celui qui ramène tout à lui, ne peut automatiquement être assimilé à cette autre personne qui poursuit sa quête effrénée de maximisation de ses intérêts.

Cependant, si les membres du clan resté au pays, voulaient attirer vers eux toutes les largesses des exilés résidant en occident, il est probable qu'ils voudront également être le centre du monde pour sortir de leur condition misérable, sortir de l'ombre pour briller au soleil.

Être un tout petit peu égocentrique quand on est pauvre, ne peut qu'aider le pauvre à focaliser sur lui, toutes les attentions bienveillantes s'il en faut.

Ceci est d'autant plus vrai que, l'attitude générale des exilés résidant en occident, tend à excuser coûte que coûte les exigences des « pauvres » membres du clan resté au pays, au motif que le malheur penche plus de leur côté, même si (comme cela a été souligné précédemment) ces exilés sont tenus en esclavage par ce clan qui finit par les contrôler.

Eh oui, le pauvre pense qu'il est le seul malheureux sur terre, et il sait le faire savoir, même par delà les océans.

L'égoïsme que l'on devine dans les attitudes du clan resté au pays, concerne également son incapacité chronique à voir les contours des plaies béantes des exilés résidant en occident car  les siennes propres l'aveuglent, conclut Fatou DIOME.



Que dire de plus ?

# 3

**La puissance du  clan resté au pays**

Précisons d'emblée en ce début de chapitre que le clan resté au pays n'est pas miséreux même si en apparence, cela puisse le laisser supposer.

Bien au contraire.

Ce qui fut vrai à une certaine époque, ne l'est

 Que dire de plus ?

plus de nos jours.

En effet, à cette époque pas si lointaine, la misère était le signe distinctif de cette population restée au pays, subissant les affres de la faim, luttant pour conserver au prix de gros efforts, un semblant de dignité.

L'observation de ce phénomène était rendue possible, soit en allumant son poste de télévision, soit en se rendant sur place sous le déguisement discret du parfait touriste avide d'exotisme, de safari ou autre dépaysement organisé.

Il est alors aisé de s'émouvoir lorsque l'œil de la caméra s'attarde sur le nez crotté d'un enfant à moitié nu, exhibant des attributs caractéristiques de la malnutrition, faisant rouler la gente d'un vélo désossé, jouant à  la guerre, ou tout simplement, se cachant derrière la jupe défraîchie d'une maman au visage ravagé par la fatigue, qui n'en peut plus de tous ces accouchements à répétition.

C'était l'image de ces marmites dans lesquelles cuisaient des sauces qui n'ont de sens que le nom, et dont les valeurs nutritionnelles étaient quasi  inexistantes.

C'était alors cette vitrine affligeante de ce continent africain qui frappe les esprits, et qui suscite bien des questions.

Ceci était donc vrai jusqu'à l'avènement d'une organisation économique mise en place par le clan resté au pays, organisation dont la vocation est de tenter de gommer cette apparente misère pour lui donner un visage plus respectable.

On pourrait presque oser avancer l'idée que la misère a changé de statut social.

De la misère pure et dure, on est passé à l'étape de la pauvreté, mais une pauvreté savamment orchestrée et contrôlée pour le bien de la communauté, par cette même communauté.

Disparition progressive de ces images affligeantes qui pervertissent la réputation du continent africain, scolarisation des enfants, amélioration de l'habitat, extension de la couverture  sanitaire, baisse de la mortalité infantile, etc … .

Le clan resté au pays s'est peu à peu installé dans un mode de vie qui tend à démontrer la subtilité d'un système qui place *de facto* la communauté restée au pays, dans une pseudo dépendance vis à vis des exilés résidant en occident, système qui lui confère une apparence de  subordination.

Petit rappel : le pauvre est cette personne qui vit de la charité publique.

Il s'agit en fait d'une construction sociale qui dissocie la force économique des membres du clan, de celle du clan lui-même.

Le poids économique du membre du clan, se définissant par rapport à la force de frappe de son soutien  en occident.

Cette construction sociale, aussi tentaculaire qu'elle puisse être, ne peut cacher les véritables visées des gestionnaires du clan resté au pays, quitte à accentuer la mise sous pression des exilés qui de ce fait, se placent volontairement dans cette forme inexpliquée de culpabilité vis à vis du clan.

Réussite garantie, dans la mesure où, derrière chaque exilé résidant en occident, il y a au moins un membre actif du clan, chargé d'entretenir le clan resté au pays au moyen de cette manne financière qui lui tombe du ciel tous les mois.

Soit !

Mais qu'en est-il de cette plaie béante de l'exilé résidant en occident que le clan resté au pays ne veut ni  voir, ni en entendre parler d'aucune façon ?

Comment leur faire appréhender au pays, cette souffrance (que rien ne peut apaiser) lorsque le candidat à l'exil franchit pour la première fois le seuil de la case familiale pour se retrouver à des milliers de kilomètres plus au nord  ?

Quelles sont les résonances subjectives du déracinement de l'exilé ?

 Que dire de plus ?

Tout d'abord, il y a la prise de conscience de la nécessité de se sacrifier pour le bien-être de la communauté clanique restée au pays.

D'aucun dirait que l'exilé est alors habité par l'esprit de sacrifice.

Se sacrifier pour les autres : l'acte sacré par excellence vis à vis de la communauté. Elle conduit le "sacrifié" à exécuter un acte d'abnégation, en clair, à faire don de lui-même pour le bien-être de tous. Il consent à tout ce que désire le clan resté au pays, au nom de l'intérêt supérieur des siens.

Point de départ d'un long et inévitable processus conduisant le candidat à l'exil vers le statut d'exilé, vers cet exil qui met un terme brutal aux liens sociaux qui unissaient ce dernier au reste de sa famille.

Dans un cas, il s'agit d'un époux qui quitte sa femme et ses nombreux enfants et ce, pour plusieurs années.

Dans un autre cas, un jeune qui passait ses

journées paisiblement au champ et  qui tout d'un coup, se retrouve propulsé vers cet inconnu qui le désarçonne totalement et durablement.

Dans tous les cas de figure, il s'agit d'une amputation traumatisante.

Inutile de préciser que l'exilé ne pourra bénéficier d'aucune cellule psychologique pour l'aider à appréhender sa nouvelle vie.

Ensuite, l'exilé est soumis aux nouvelles et perpétuelles contraintes qui découlent de cette vie d'abnégation et de sacrifice que lui impose son parachutage au milieu de sa nouvelle communauté de vie en occident.

Nouvelle vie qui l'oblige à avoir des goûts simples, à faire preuve d'humilité, à privilégier l'amour du travail, seule garantie de réussite dans l'accomplissement de sa mission au cours de son exil.

Dans son nouvel environnement, il doit chercher à tout prix à se préserver contre la déculturation au sein de cette société nouvelle qu'il apprend à connaître, en essayant d'assimiler les codes qui lui sont totalement étrangers, mais qui s'imposent à lui à longueur de temps.

Toute résistance est inutile.

Alors, comment faire pour s'en sortir ?

Une des solutions est peut-être le mimétisme.

Mais, le mimétisme n'est pas la solution.

Car, même si dans le règne animal et/ou végétal, pour des raisons de survie ou pour se défense, de nombreuses espèces adoptent des postures stratégiques, caractérisées, pour se fondre dans la masse et échapper ainsi aux dangers qui rodent, vous imaginez aisément le côté irréel (voire ridicule) d'un tel comportement concernant l'exilé qui se mettrait à reproduire machinalement, voire inconsciemment, des gestes que le bon sens réprouverait, et des attitudes calquées sur les personnes de son entourage immédiat.

Le côté insolite de ce tableau tient en un seul

mot : l'aberration.

Exemple : utiliser des moyens dangereux pour se blanchir la peau, ou aller s'étendre sur la plage sur un drap de bain pour bronzer en été, au plus fort de la chaleur dans la journée.

Le mixage des cultures : une autre illusion contre laquelle l'exilé doit se préserver.

Prétendument apporteur de richesses, le mixage des cultures, outre ses nombreux avantages, ne peut satisfaire toutes les attentes de l'exilé pour son hypothétique intégration dans la nouvelle société dans laquelle il vit désormais,

La lucidité doit être de mise : comment réussir à mélanger l'huile et l'eau pour former un ensemble homogène?

Comment réussir à faire prendre une greffe sans craindre le rejet pur et simple du membre ou de l'organe greffé ?

Il n'existe pas en pareille circonstance, un

     Que dire de plus ?

traitement social à base d'interféron.

Le clan resté au pays, serait-il en mesure de traiter avec succès, un seul des points évoqués dans ce chapitre ?

Non !

Au lieu de cela, la force de sa pression sur l'exilé ne cesse de croître.

Pour l'exilé, vivre en occident ne rime pas avec bonheur.

A l'inverse, le clan resté au pays devient de plus en plus puissant, mais se complaît dans ce statut social indéfinissable qui lui permet de continuer à faire pitié, à émettre des exigences et à cultiver son égoïsme plus que jamais.

# 4

**Le clan : ne serait-il pas le pauvre qui exalte la charité ?**

Une fois encore, une évocation de termes antinomiques pour illustrer la suite de ma réflexion.

Le mendiant magnifie la charité au profit de qui ? On peut se le demander.

S'il est admis que le mendiant milite pour sa propre cause, peut-il *in fine* rallier le bon samaritain à cette cause sans toutefois garantir et démontrer la pureté de ses motivations ?

Il est à craindre que la pureté de ses motivations ne puisse pas effacer d'un trait de gomme, le côté humiliant de la démarche qui consiste à mendier, même si l'obstination exprimée par le désir de recevoir l'aumône prend toujours le dessus.

Ramené au niveau du clan resté au pays, non seulement l'humiliation d'être à la merci de l'exilé n'existe pas, mais sa situation vis à vis de l'exilé ne lui impose pas davantage cette forme de servilité incompatible (pour tout un chacun) avec la dignité rattachée à la personne humaine.

Dans la situation qui nous intéresse, tout porte à croire que les rapports de forces sont inversés : le clan est le donneur d'ordre et l'exilé, son obligé. Cette forme d'esclavage dont je parlais dans les chapitres précédents et dans laquelle l'exilé s'y enferme.

Il donne à la communauté clanique, cette chose  dont elle a besoin, mais à laquelle elle n'a pas forcément droit : la reconnaissance.

La reconnaissance : *« Souvenir affectueux d'un bienfait reçu, avec le désir de s'acquitter en rendant la pareille »*.

Au fait, qu'a-t-il reçu l'exilé ?

–	Un billet d'avion aller-retour vers l'occident, plus un pécule qui doit être fructifié dans les meilleurs délais.
–	Une blessure permanente due au déracinement.
–	Une deuxième naissance au sein d' une communauté dont il ignore tout.
–	La  pression du clan.
–	L'obligation de résultats.

Qu'attend la communauté clanique en contrepartie ?

–	Le retour sur investissement.

Vu sous cet angle et en considérant le déséquilibre flagrant des rapports de forces, il serait étonnant que l'exilé soit enclin à s'acquitter d'une supposée dette morale et/ou pécuniaire vis à vis du clan, dans la mesure où le choix qui s'est porté sur lui et qui l'oblige, n'a rien de transcendant, ni de remarquable au point de vouloir restituer cela en retour.

Mais, le « confort » dans lequel s'est installé le clan resté au pays, ne permet pas à l'exilé de s'exonérer de ce retour sur investissement.

Le livre comptable qui a été ouvert en son nom, et dont il doit en assurer l'équilibre, le rend redevable sur ses deniers propres.

Par « ses deniers propres », il faut entendre et comprendre, la garantie que constitue la famille de l'exilé restée au pays.

Famille représentant l'exilé au sein de la communauté dont elle ne peut se défaire.

Famille faisant partie *de facto* de la

communauté qui la tient en otage, situation faisant d'elle à la fois, la victime consentante et le bourreau féroce, sans pitié, oubliant que l'exilé fait partie des siens.

Famille participant par conséquent, bien involontairement à la promotion de la magnificence de la charité au détriment des intérêts propre de l'exilé.

Le piège se referme donc sur l'exilé le jour où il est décidé de l'expédier en occident et le voilà devenu esclave bien malgré lui de cette emprise du clan resté au pays.

# 5

**En Conclusion**

Que dire de plus ?

L'exploration autour de cette formule qui fera son chemin j'en suis sûr, m'a permis de me replonger dans les arcanes de cette Afrique si chère à notre cœur.

Il m'a été difficile de me limiter à ce périmètre autour du clan resté au pays, sans déborder sur d'autres aspects plus politiques dont je laisse le traitement aux spécialistes de ces questions.

L' audace qui a été la mienne lorsque, contre toute attente, je me suis attelé à l'exploration de ce sujet qui ne fait pourtant pas partie de mes domaines de prédilection, m'a beaucoup surpris. Probablement, c'était ma façon de réveiller en moi, cette Afrique si éloignée et si proche à la fois.

Je salue la fulgurance de Fatou DIOME et la pertinence de ses propos lors de son interview.

Que dire de plus ?

# PART 2

Que dire de plus ?

*IL ME PLAÎT DE SAVOIR QUE
JE VOUS DOIS LA VIE*


*ou*


**QUE DIRE DE *LA MÉMOIRE*
*DE LA RECONNAISSANCE* ?**

*Les paroles et les actes entraînent une dette
ineffaçable.*

 Que dire de plus ?

*A toi à qui je dois tant ....*

 Que dire de plus ?

# INTRODUCTION

Les russes ont l'habitude de dire que le meilleur moment d'une dette, c'est quand on la paie.

Ça fait du bien. C'est une drôle de sensation que de se sentir dégagé de ce poids qui nous empêche de vivre. Nous nous sentons légers, plus du tout oppressés.

Le téléphone ne sonne plus de manière intempestive comme durant les périodes de retard de paiement.

La peur incontrôlée des appels ininterrompus, affichant le numéro du créancier, disparaît subitement.

Le portable, dont la sonnerie devient presque sympathique, n'est plus du tout cet objet de détestation.

Les appels ne sont plus filtrés. Le portable, seul lien entre le créancier et le débiteur, redevient le meilleur ami de l'ex débiteur.

Nos antidépresseurs sont relégués au fond du tiroir de la table de nuit. Nos angoisses prennent leur quartier d'hiver. Les contours de nos yeux retrouvent leur jeunesse. Nos anti-cernes n'ont plus d'utilité et restent au fond des trousses de toilette. Nous sommes déchargés d'un lourd fardeau. Nous respirons mieux.

L'horizon s'éclaircit.

Nos nuits sont de plus en plus sereines et étonnamment réparatrices.

Nous nous réveillons le matin, et nous ressentons  un bonheur indescriptible.
Nos journées redeviennent lumineuses et remplies de promesses.

Plus besoin de raser les murs pour ne pas croiser les pas de nos créanciers courroucés, dont les yeux incarnent la haine.

Notre démarche devient plus légère, plus aérienne. Nos pas sont plus assurés. La bonne humeur s'installe à nouveau en nous, et cela de façon durable. Nos yeux scintillent.

C'est le printemps avant l'heure.

Nous sifflotons. Nous savourons l'instant présent. Nous profitons pleinement de la vie.

Les chants des oiseaux n'annoncent plus le début de journées d'angoisse. La grisaille fait place nette à la lumière. La métamorphose vestimentaire est spectaculaire. La vision de la vie change du tout au tout.

Qu'il est magnifique de renaître !

Nous ne comptons plus les doigts sous la table au restaurant au moment de choisir le menu.

L'appétit revient en force.

Nous osons toutes les audaces.

Nous avons faim.

Nous sommes réconciliés avec les plaisirs de la table. Nous ne nous refusons plus rien.

Le compte en banque n'est plus surveillé comme le lait sur le feu.

La vie est belle. Elle est  sacrément belle.

Nous redevenons cette femme ou cet homme avide de sourire et de bonne humeur.

Cette sensation, comparable à la soudaine disponibilité de l'esprit suite à la fin inespérée d'une rage de dent qui nous pourrit la vie, laisse entrevoir des moments d'intenses plaisirs à créer et à vivre.

La vie reprend son cours. L'avenir est

 Que dire de plus ?

réapproprié avec la ferme intention de ne plus se laisser déposséder.

La promesse d'assainir nos finances tient lieu d'engagement ferme et définitif. Nous y croyons, nous œuvrons dans ce sens avec courage et détermination.

Notre espoir est réel. Notre volonté d'y arriver est à l'épreuve de toutes les tentations.

Nous nous accrochons à cette idée fixe qu'exprime notre joie de vivre que nous expérimentons à cet instant précis où nous nous déchargeons de cette dette qui a tant pesé sur notre tête.

Cette joie de vivre qui résulte de notre entêtement à nous dégager de ce qui nous entrave, serait considérée par certaines d'entre nous comme une pure illusion.

**1**

## Bienfaisance et Reconnaissance

Payer ses dettes : quoi de plus naturel ? Quoi de plus évident ? Quoi de plus normal ?

Alors, d'où vient cette certitude d'obtenir la joie de vivre lorsque nous accomplissons un acte naturel, évident, voire ordinaire ?

Notre joie de vivre vient-elle du soulagement occasionné par la fin de notre obligation d'honorer coûte que coûte un engagement, celui-là même qui nous lie à une personne ou à une institution financière ?

**_Oui peut-être, mais que dire de la dette accablante de la  reconnaissance ?_**

La reconnaissance comme la suite logique de la bienfaisance, ou la manifestation évidente d'un état d'esprit provoquée par notre aptitude à nous souvenir ?

Pour essayer d'y voir un peu plus clair et tenter d'apporter un début de  réponse à mon questionnement, passons en revue quelques unes des situations pouvant illustrer mon propos.

## *Situation 1*

L'événement majeur et remarquable que constitue la mise au monde d'un enfant, devrait *de facto* générer chez ce dernier, un désir insatiable et irraisonné d'exprimer une reconnaissance éternelle envers sa sainte génitrice, si nous considérons l'être humain comme une créature divine douée de raison.

Donner la vie : quoi de plus naturel  à travers ce geste généreux et désintéressé d'une mère à qui il est conféré ce « pouvoir »  presque surnaturel qui la place au-dessus de tout, de créer la vie en elle et de restituer *in fine* un être vivant, qui à coup sûr, n'a émis le moindre désir de venir au monde  ?

Paradoxal, n'est-ce-pas ?

D'un côté, nous avons un geste altruiste.

De l'autre, une obligation morale non négociable de reconnaissance.

Comment concilier les deux points de vue ?

Dans l'hypothèse où tout se passe bien : une enfance heureuse, un parcours scolaire sans accros, une vie professionnelle conforme aux attentes, une vie familiale riche et satisfaisante, alors que devient la génitrice dans ce cadre idyllique abritant  le bonheur parfait  ?

A minima, sous l'impulsion de la maîtresse d'école, elle reçoit des colliers de nouilles le jour de la fête des mères, au plus, elle est invitée aux anniversaires, et peut-être certains dimanches pour partager le gigot flageolet entourée de l'affection de ceux-là  même qui spéculent à longueur de temps sur leur futur héritage permettant  l'acquisition de ce chalet à la montagne qui fait tant envie.

Et quand vient le moment de la vieillesse, des discussions intenses entre frères et sœurs, des cas de conscience personnels portant sur le fait de déterminer quel serait le mieux pour cette génitrice, à savoir, maison de retraite ou une petite place chez l'un ou chez l'autre.

La génitrice devient tristement cette « chose » encombrante dont les enfants ne savent que faire.

Le postulat qui consiste à faire de la reconnaissance dite « morale » le juste retour des sentiments humains, impliquant un minimum de sens moral, ne peut *de facto* être applicable à l'être humain, dans la mesure où, la gratitude n'est pas un caractère dominant inscrit dans son ADN, de mon humble point de vue.

Dans l'hypothèse la pire, celle qui décrit une naissance survenue contre toute attente dans un moment difficile, dans des conditions défavorables, comment peut-on en toute objectivité déclarer comme plausible ce juste retour des sentiments ?

Car s'il est vrai que, comme vu dans l'hypothèse décrite précédemment, la génitrice bénéficie de ce même « pouvoir » presque surnaturel de créer la vie en elle et de restituer *in fine* à la nature un être de chair et de sang, la grandeur de son altruisme se trouvera *de facto* amoindrie par les aspects misérables des circonstances de cette naissance et de l'évolution ultérieure de l'enfant.

En théorie, probablement.

Cependant, ce juste retour des sentiments, « improbable » comme pourrait le qualifier et le certifier le commun des mortels, devrait aisément déjouer tous les pronostics, si contre toute attente, il se produit entre la génitrice et l'enfant, le resserrement de ce lien fort, mystérieux et indéfectible qui unit deux compagnons de galère.

Les ressentiments ou autres griefs sont dans ce cas orientés hors du cercle intime (formé par la génitrice et son enfant), vers les différentes personnes responsables des faits et gestes ayant perverti les conditions primordiales de cette naissance, à savoir, le partenaire ou le père qui a abandonné la génitrice au cours de sa grossesse, l'auteur du viol, l'époux violent, etc … .

*Situation 2*

« *Maman, pourquoi tu es restée avec papa ?* »

« *Tu vas trouver ça vraiment stupide mais ... c'est que je l'aimais.* »

« *Maman, on fait quoi quand on en prend plein la tête ?  ... Comment supporte t-on d'apprendre que son mari a eu une double vie ?* »

« *... Je ne sais toujours pas si j'y suis parvenue, mais ce que je sais ma fille, ce dont je suis absolument sûre, c'est que ton père m'a fait plus de bien qu'il ne m'a fait de mal ... Oui, je peux te le certifier.* »

Ainsi conclut la brave dame devant sa fille médusée (presque incrédule), et qui semble ne pas comprendre toute la portée de ce que sa mère vient de lui avouer.

Manque de sagesse ?

Manque de discernement ?

Esprit rebelle  ?

Mentalité d'une femme d'aujourd'hui pour laquelle, tout acte contraire aux vœux de fidélité échangés au cours de la cérémonie du mariage, doit se payer cash ?

Sa mère serait-elle une pauvre idiote pour laquelle quelques jours de bonheur pèsent plus lourds que les années de déprime qu'elle a subies à cause des frasques de son mari ?

Et pour finir, doit-elle arriver à la conclusion qu'il faut mépriser l'acte mais avant tout, respecter l'auteur ?

En l'espèce, sur quoi peut reposer ce respect

accordé à quelqu'un qui ne répond (de son point de vue) à aucun des critères de respectabilité  édictés par la morale ?

Cette brave dame objectera en toute conscience que son volage de mari mérite ce respect pour lui avoir rendu sa dignité en l'épousant, en prenant à son compte la grossesse qui n'était pas de lui et, en élevant sa fille unique comme si elle avait été sa propre fille.

Ce mari volage, l'avait ramenée dans le monde des vivants, en lui accordant une seconde chance, alors que sa propre famille l'avait rejetée et bannie.

De cette reconnaissance est peut-être né l'amour indéfectible qu'elle porte à ce père détesté par sa « fille » qui n'est pas née de ses œuvres.

Nouveau paradoxe !

D'un côté, un acte que d'aucun qualifierait de chevaleresque, et de l'autre,  une conduite qui soulève la réprobation  du plus grand nombre.

Auréolé des grâces qui découlent de cette reconnaissance inattendue, quel peut être le bénéfice pour ce mari volage, alors que son geste chevaleresque (qui constitue l'acte fondateur de son couple), n'appelle pas ce juste retour des sentiments ?

En réponse, je suis tenté de dire que, (contre toute attente) sa réhabilitation dans la société des *Hommes* est une réalité, même si son comportement inapproprié envers son épouse à travers l'exercice  à ciel ouvert de sa double vie, le disqualifie *de facto*.

Il a donc suffi de la discussion entre cette mère et sa fille pour permettre la réalisation de ce miracle  qui consiste à replacer cet homme volage dans cette dimension humaine, position dont il ignorait avoir perdue la jouissance, (car aveuglé par la passion de sa double vie),  donc, une position qu'il n'a jamais revendiquée, et pour cause.

Qu'en est-il alors pour cette femme bafouée mais néanmoins reconnaissante ?

Une idiote sur pattes ?

Une victime qui s'ignore ?

Il va sans dire que cette femme, à travers l'évocation de ses sentiments vis à vis de cet homme, est tout sauf une personne dénuée de bon sens et d'intelligence.

Bien au contraire.

Elle a su évaluer l'intérêt de supporter les ignominies de son époux par rapport à la chance qui lui a été accordée de vivre dans la peau d'une dame respectable et respectée.

Je suppute que dans son esprit, sa reconnaissance (que le commun des mortels aurait beaucoup de mal à en apprécier le bien-fondé, même pour ce mari qui a permis d'effacer sa honte et lui épargner ainsi de porter ce titre peu glorieux de fille-mère ), justifie pleinement l'affirmation de son amour pour cet homme volage, permettant l'effacement et l'oubli de ses turpitudes.

Transportons-nous dans la période d'avant 1981 pour illustrer cette troisième situation.

La clémence solennelle accordée par le Président de la république française à un condamné à mort qui en a fait la demande, correspond t-elle à un pardon ou à l'oubli des actes abominables commis par ce dernier ?

S'il est absolument vrai que, de par la constitution française de l'époque, le Président de la république dispose de ce pouvoir exorbitant de « pardonner », cela obéit avant tout et par extension, à la manifestation sans appel des vertus morales de générosité et de bienveillance.

C'est ce qui se dit.

Il se chuchotait également que, cette grâce présidentielle poursuivrait aussi un but d'intérêt public :

« ... *la société peut en effet avoir intérêt, compte tenu des circonstances, à la remise de la peine d'un individu légalement condamné par une cour de justice. ...* »

Encore un paradoxe.

La cour de justice condamne dans l'intérêt de la société, le Président de la république gracie au nom de cette même société que la cour de justice a cherché à protéger.

La reconnaissance du condamné gracié envers le Président de la république française, est-elle semblable à celle de la famille de la victime envers la cours de justice qui à prononcé cette condamnation à mort ?

Je le crois car dans les deux situations, la satisfaction de la demande est réelle et effective.

Mais, la peine capitale commuée en une peine de prison à perpétuité réelle, pervertit quelque peu la situation et crée un certain déséquilibre dans ce rapport de force entre la famille de la victime et l'assassin qui vient de sauver sa tête par le truchement de la grâce présidentielle.

D'autre part, le paiement de la totalité de sa dette coïncidera avec l'achèvement de sa vie, au moment où il rendra son dernier souffle.

Par conséquent, cela ne lui procurera  pas ce bonheur de s'être acquitté de sa dette (sans fin), comme vu précédemment.

 Bien au contraire.

Une dette qui ne finit pas d'être payée, oblige le condamné gracié à une certaine humilité face à la vie. La vision de sa tête sur ses deux épaules, matin après matin, ne  lui fera pas oublier sa dette envers la société et envers cette famille dans la douleur, famille qui a demandé la réparation du préjudice qu'elle a subi.

Cette dette que d'aucun appellerait la dette d'une vie équivaut à une vie pour une vie.

La parfaite illustration grandeur nature de l'application de la loi du Talion.

Alors, cette reconnaissance éternelle envers le Président de la république pour lui avoir sauvé la vie, ne peut se justifier si l'on considère la transformation de ce désir de vie en une sorte de frustration suite à la commutation de la peine capitale en une peine de prison à perpétuité.

Pourtant, en accordant sa grâce présidentielle, l'action du Président de la république s'inscrit dans une logique de bienfaisance envers le condamné et envers (comme nous l'avons vu) la société des hommes.

Désir et frustration : les deux faces d'une même médaille ?

Bienfaisance et reconnaissance : deux concepts qui se contredisent  dans ce cas de figure?

Je ne sais pas ce que vous en pensez, mais pour ma part, je crois que le fait d'avoir sauvé la vie d'une personne qui a pris une vie, ne peut générer une reconnaissance au sens noble du concept.  Car la restitution attendue par la

       Que dire de plus ?

société en guise de compensation, ne peut s'accomplir afin d'équilibrer les comptes.


Que dire de plus ?

Peut-on envisager que, les défauts de la personne qui nous a fait du bien, c'est à dire la personne à qui (en théorie) nous ne pourrons jamais enlever ce titre conféré par la grâce divine, à savoir notre très estimé bienfaiteur, puissent nous servir de prétexte pour lui refuser notre reconnaissance ?

Ainsi, suite à une greffe de rein, le receveur a hérité de son donneur, un nouveau rein et en sus, une grave affection non détectée chez le donneur avant l'opération chirurgicale.

Précision : hormis le problème lié à son insuffisance rénale aiguë, chez le receveur tout allait super bien pour lui. Son organisme était sain. Ni microbes, ni virus.

La greffe a réussi, mais le receveur se voit confirmer son affection réputée incurable, possiblement transmise par son donneur dans l'organisme duquel, cette même affection a été révélée à posteriori.

Question : la reconnaissance induite par ce geste altruiste qui a consisté à faire don d'un organe vital, peut-elle être remise en cause ?

La nature humaine étant ainsi faite.

Comment ne pas être tenté de faire passer ce don d'organe au second plan et ne privilégier uniquement que le côté négatif de cette opération à savoir l'épouvantable annonce de la contamination ?

Hier, il était le Messie qui a accepté de sacrifier un rein pour redonner un espoir de vic à cette personne qu'il ne connaissait pas.

Il n'avait aucune obligation de le faire, mais, tel le Messie, sa vocation à sauver la vie de son semblable, a eu raison des réticences de son entourage.

Aujourd'hui, il est devenu l'ennemie à abattre. Il est celui à cause de qui, la nouvelle vie rendue possible par la greffe de ce nouveau rein (dont il est le donneur), se trouve compromise, voire condamnée.

C'est celui qui à la fois, a donné l'espoir d'une vie meilleure, et qui a assombri (voire hypothéqué) l'avenir de ce receveur.

Que peut-il se passer dans l'esprit de ce receveur au sujet de son donneur hormis le sentiment étrange de rejet insufflé en grande partie par son entourage qui s'est érigé en censeur ?

La prise de conscience de la réalité de cette portion de vie additionnelle gagnée sur sa maladie initiale, peut-elle contre-balancer ce sentiment de trahison ?

La reconnaissance induite, qui est la règle dans une telle circonstance et qui obéit à la logique pure, devrait découler de sa nature profonde qui lui commande d'apprécier ces quelques instants de vie additionnelle offerts par ce donneur, et non pas prononcer *de facto* sa condamnation sans appel, pour avoir (involontairement) perverti ce bonheur tout neuf qui s'offre à lui avec cette greffe réussie.

Une minute de vie additionnelle serait tout

autant appréciée et estimée que la fin de ses soucis de santé.

Mais pour atteindre un tel niveau de raisonnement et d'abnégation, il faudrait de la part du receveur, parvenir à comprendre les motivations de ce donneur dont la décision de donner un de ses reins n'a sûrement pas été facilitée et acceptée par son entourage.

Échappé d'une vie condamnée à une échéance plus ou moins brève, une vie constellée de souffrances à cause des dialyses à répétition ne garantissant pas une issue heureuse, il passe à une vie plus sereine, plus confortable, mais avec pointée au-dessus de sa tête et à vie, cette épée de Damoclès avec laquelle il devrait poursuivre le cours de son existence.

Mais après tout, le but initial n'a-t-il pas été atteint ?

## *Situation 5*

Justice et injustice : nous avons tous expérimenté ces deux concepts avec plus ou moins de bonheur.

Mais savons-nous déterminer le moment précis où la justice se transforme en injustice ou vice versa ?

Et le devoir d'ingérence ? vous connaissez ?

Début de matinée, dans un hôpital de la banlieue toulousaine.

Les visites post opératoires se déroulent depuis environ une heure, lorsque le cortège mené par le professeur Jacques (chirurgien réputé) suivi de ses internes s'arrête devant un lit.

Lecture de la fiche de synthèse accrochée au pied du lit.

Question rituelle :



Que dire de plus ?

«*Comment allez-vous monsieur?* »

Réponse du patient qui veut paraître vaillant :

« *Ça va docteur !* »

Le professeur regarde d'un peu plus près le nom inscrit sur la fiche de synthèse.

Il semble interloqué.

Le nom du patient ne lui est pas inconnu, mais il ne dit rien.

Il prend congés et poursuit ses visites.

De retour dans son bureau, le professeur Jacques appelle sa secrétaire et lui demande de lui trouver le dossier du fameux patient dont le nom lui a semblé familier.

Ce qui fut fait.

Il compulse frénétiquement ce dossier et se rappelle en fin de compte, pourquoi ce nom lui était familier.

Il décroche son téléphone et appelle sa femme.

« **Chérie, tu sais qui je viens d'opérer ?**»

« **Comment veux-tu que je sache ?** » rétorque la femme du professeur.

Alors le professeur Jacques, bien que tenu par le secret médical mais obéissant à on ne sait quelle pulsion, révèle le nom du patient à sa femme.

Après un long silence, la femme du professeur hurle de toutes ses forces :

« **Tue le ! Tue le !** »

Le professeur ne semble pas surpris par la réaction de sa femme, mais garde son calme.

Que dit  Hippocrate en substance ?

« *Au moment d'être admis(e) à exercer la médecine, je promets et je jure d'être fidèle aux lois de l'honneur et de la probité. Mon*

       Que dire de plus ?

*premier souci sera de rétablir, de préserver ou de promouvoir la santé dans tous ses éléments, physiques et mentaux, individuels et sociaux. Je respecterai toutes les personnes, leur autonomie et leur volonté, sans aucune discrimination selon leur état ou leurs convictions. J'interviendrai pour les protéger si elles sont affaiblies, vulnérables ou menacées dans leur intégrité ou leur dignité. ... je respecterai les secrets des foyers et ma conduite ne servira pas à corrompre les mœurs. ... Je ne provoquerai jamais la mort délibérément. ... que je sois déshonoré(e) et méprisé(e) si je manque à mon devoir. »*

Malgré son serment, il lui aurait été facile d'injecter dans la poche du goutte-à-goutte de ce patient, le produit mortifère adéquat pour satisfaire  à la demande de madame Jacques.

Pas vu pas pris.

A lieu de cela, il prit la décision de passer voir le patient à la fin de son service.

Au cours de leur bref entretien, le professeur

Jacques lui rafraîchit la mémoire.

Le patient réalisa tout à coup sa chance d'être toujours en vie.

Ancien SDF, José avait été engagé par Claudia la belle-sœur du professeur pour s'occuper du jardin de sa maison de campagne dans la banlieue toulousaine.

Un jour en fin de matinée, alors que le soleil dardait impitoyablement ses rayons sur la banlieue, il vit débarquer la sœur de Claudia (madame Jacques) accompagnée d'un notable de la bonne ville de Toulouse.

Une heure et demi plus tard, madame Jacques, sortit précipitamment de la maison dans un état de détresse avancée.

Le notable avait succombé à une crise cardiaque.

Elle invita le jardinier à pénétrer dans la maison pour voir s'il y a encore quelque chose à faire pour le ranimer.

     Que dire de plus ?

José qui n'était pas en odeur de sainteté avec la police, refusa de faire quoi que ce soit pour la couvrir, notamment, nier l'avoir vue en compagnie du notable dans la maison de sa sœur.

Devant le refus tenace et répété du jardinier de déclarer que le notable était en galante compagnie avec la propriétaire de la maison de campagne, en désespoir de cause, madame Jacques finit par appeler la police.

Bref, les relations ont été activées au plus haut niveau de la ville, et madame Jacques sort indemne de cette situation, préservant ainsi l'unité de son couple, même si au cours du procès, José avait soutenu l'avoir vue elle, dans la maison de campagne avec  le notable et non pas Claudia sa bienfaitrice.

Pour lui, il n'était pas question d'incriminer sa bienfaitrice et porter l'opprobre sur elle, en l'accusant d'une faute qu'elle n'a pas commise.

Le fait de l'avoir sorti de la rue et de lui avoir mis un toit sur la tête, crée chez lui le meilleur rempart contre toutes les compromissions possibles : ne pas se laisser éblouir par le gros chèque proposé par madame Jacques, ou être influencé par les menaces proférées sur sa personne.

Les conséquences de tout ça : sous l'insistance et l'influence de madame Jacques, la très effacée propriétaire de la maison de campagne finit  par congédier son jardinier.

En fin de compte, quelques mois plus tard, Claudia divorça d'avec son époux, son honneur ayant été entaché par cette suspicion persistante d'infidélité.

Les relations entre les deux sœurs sont à jamais altérées.

Le professeur Jacques rapproche la chaise sur laquelle il s'est assis aux côtés de José. Il est à quelques centimètres de son visage.

La mine serrée,  il poursuit :

*« **Monsieur José, savez-vous que je vous ai sauvé la vie. … L'opération n'était pas***

 Que dire de plus ?

*évidente, mais j'ai fait tout ce qu'il fallait faire pour résoudre le problème. ….. »*

Après quelques instants de silence, il poursuit :

*« Dites-moi, ma femme était chez sa sœur ce jour là comme vous l'avez affirmé ? … Je crois que vous me devez bien la vérité, n'est-ce-pas ? »*

José ignore totalement les intentions du professeur Jacques, et dans quel état d'esprit il se trouve au moment où il l'interroge.

Il ne sait quoi répondre.

Il est pétrifié à l'idée que lors de l'opération chirurgicale, sa vie a été dans les mains de cette personne dont l'épouse lui en veut à mort.

Peut-être est-il là pour terminer le travail ?

A-t-il une seringue remplie d'un redoutable liquide  létal dans la poche de sa blouse ?

Il ne sait pas quoi penser.

Vous auriez répondu quoi si vous étiez à la place de José ?

Continuer à affirmer la réalité des faits auxquels il a été le témoin privilégié, sans changer une virgule ?

 Que dire de plus ?

# 2

## La mémoire de la reconnaissance

L'opinion qui est la mienne concernant la mémoire de la reconnaissance, n'est pas très glorieuse.

Je le confesse.

Si je la compare à un être humain, je pourrai affirmer que force est de constater que la reconnaissance vieillit vite et mal.

De plus je dirais (toujours par analogie avec l'être humain) que la reconnaissance a la mémoire courte, non pas à cause des effets liés à l'âge avancé, mais parce que l'oubli est une seconde nature chez l'être humain.

Il ne s'agit pas pour l'être humain de créer lui-même des règles métaphysiques de conduite auxquelles il devra obéir comme si elles s'imposaient naturellement à lui.

Je fais partie de ceux qui pensent que l'homme n'est pas fait à l'image d'un oignon pour lequel il faut enlever plusieurs couches de peau successives avant de parvenir à son cœur.

Quel que soit le nombre de couches de peau si tel est le cas, cela ne change rien à la nature profonde du cœur de l'homme (être humain) car ayant une propension à se créer des barrières.

Le règlement intérieur ne peut être plus restrictif ou plus permissif que la loi.

Ainsi, les facultés innées chez l'homme ne

                     Que dire de plus ?

peuvent s'écarter de la nature de l'homme, ni en plus , ni en moins.

Elles s'expriment librement, naturellement, spontanément.

Parce que l'homme (être humain) vit dans la réalité de la vie, elles se manifestent de manière structurée, dans un cadre structuré.

Je crois que par opposition, la reconnaissance n'est pas une attitude naturelle (voire spontanée) chez l'homme par rapport à l'oubli.

La reconnaissance est ce que j'appellerais une construction morale, un peu comme un additif que l'on ajouterait à l'homme pour améliorer sa nature, sa condition et sa capacité à bien se comporter parmi ses semblables.

La mémoire de la reconnaissance s'estompe peu à peu avec le temps car je le rappelle, la reconnaissance n'est pas une faculté innée chez l'homme.

La faculté d'oublier permet de se délester des souvenirs nombreux qui nous imposent de garder en nous la trace de tous les bienfaits dont nous avons été gratifiés, de se libérer l'esprit de tout ce flot d'informations qui affecte la corde sensible de tout un chacun, de se dégager des contraintes morales et sociales pour ne penser qu'à soi et avancer dans la vie en toute légèreté.

Çà vous rappelle quelque chose ?

Dire « MERCI » n'est-ce pas suffisant pour signifier notre gratitude à notre bienfaiteur à un instant T ?

Que lui faut-il de plus pour satisfaire son ego ?

Pourquoi devrions-nous nous affubler toute notre vie de toutes ces convenances au motif qu'à une certaine période, tel ou tel individu nous a fait du bien, nous a rendu service ou nous a sauvé la vie ?

Le chirurgien qui a opéré, n'a-t-il pas fait son travail ? Le banquier qui a accordé un découvert, n'a-t-il pas fait son travail ? Le pompier qui a éteint le feu qui ravageait notre

    Que dire de plus ?

demeure, n'a-t-il pas fait son travail ? Le professeur qui a instruit les élèves, n'a-t-il pas fait son travail ? L'enfant qui s'occupe de ses parents âgés, n'a-t-il pas fait son devoir filial ?

A quoi ressemblerait un être humain qui aurait perdu cette faculté d'oublier ?

Tel un bovin, il ruminerait sans cesse. Il serait empêtré dans ses souvenirs à longueur de temps et n'arrêterait pas de dire merci à chaque seconde.

Selon certaines ethnies, la reconnaissance est une dette qui se transmet de génération en génération, garantissant ainsi la pérennité de ce bienfait qui doit être évoqué dans la génération suivante et ainsi de suite.

A force, après plusieurs transmissions, plus personne ne connaît très exactement l'origine de cette reconnaissance qui oblige la génération concernée à  adopter une attitude respectueuse envers  telle ou telle famille. On ne sait pas pourquoi, mais on le fait, on doit le faire.

          Que dire de plus ?

Imaginez un instant le nombre de paquets , de valises ou de malles que cet individus devrait trimbaler derrière lui toute sa vie.

Et plus le temps passera, plus nombreux seront les souvenirs des bienfaits dont il aurait été gratifié au cours de son existence.

Tout ça rimerait à quoi ?

On peut se poser la question en effet.

Selon Nietzsche, l'oubli est la condition du bonheur.

La quête de ce bonheur dont je parlais au début de cette deuxième partie dans cet ouvrage, bonheur vierge de toute trace du passé, bonheur garanti cent pour cent positif, bonheur, générateur de bonheur.

Il est aisé de penser que pour parvenir à un tel résultat, il faille avoir en soi, une certaine dose d'égoïsme dans son caractère, comme vu précédemment.

De mon humble point de vue, on peut afficher

le tempérament du parfait égoïste, et avoir le sens de la reconnaissance, tout simplement, parce que, toujours de mon humble point de vue, l'égoïste n'est pas nécessairement dénué de tout sens moral.

Être égoïste et être reconnaissant envers autrui, quoi de plus naturel, même si certains pensent que l'égoïste a une propension à blâmer ses semblables au motif qu'ils ne lui ont pas donné assez, donc, ne se sent aucunement lié par une quelconque obligation envers ses supposés bienfaiteurs.

La complexité du comportement de l'être humain, permet de croire qu'il est possible de vivre en harmonie avec ce détonnant cocktail de sentiments paradoxaux, contradictoires, tout en restant éligible pour évoluer au sein de la société des hommes et bénéficier de sa considération.

L'autre point de vue, consisterait à imaginer la réprobation de la société judéo-chrétienne dans laquelle nous vivons et qui voudrait une exemplarité dans les rapports entre les hommes.

Ne pas être reconnaissant pourrait être assimilé à de l'ingratitude et aura pour conséquence de propulser l'ingrat ou celui qui est jugé comme tel, vers un certain isolement au sein de la société des hommes.

Chaque source à laquelle il s'abreuvera, se tarira aussitôt.

Les sources étant de plus en plus rares de nos jours, alors, la situation de l'ingrat sera de moins en moins tenable face à son isolement forcé, voire définitif.

Question :  la personne qui est victime de l'ingratitude des autres, est-elle en droit de réclamer des explications en raison des bienfaits qu'elle a octroyés à autrui ou bien n'a-t-elle pas que le droit de s'en  prendre à elle-même ?

Exemple :  dans un souci d'optimisation fiscale, une personne âgée fait don de sa maison à ses enfants avec l'obligation morale de la maintenir dans les lieux jusqu'à sa mort.

Lesdits enfants « aimants » qui ont accepté le leg (sans contrepartie) avec un large sourire, s'empressent alors de mettre le parent à l'asile et de vendre la maison à leur profit.

La morale réprouve un tel comportement, mais tout acte, charitable ou non, n'appelle aucune reconnaissance.

Agir pour le bien d'autrui ne peut qu'être la résultante de la manifestation d'un altruisme qui n'appelle aucune réponse en rapport avec le bienfait concerné.

Heureusement, nul n'est obligé de faire le bien autour de lui, même si les préceptes édictés par la société judéo-chrétienne préconisent le don de soi au nom de la charité chrétienne.

**3**

## La dette d'une vie

Dans la hiérarchie des dettes (s'il est permis de classifier les dettes),  la dette d'une vie occupe le sommet de cette hiérarchie.

Cette expression peut évoquer chez certains, la dette, la seule, la vraie, celle qui met un

   Que dire de plus ?

terme à la tranquillité de notre esprit, celle qui nous rend dépendants d'une obligation liée à un acte volontaire vis à vis d'une tierce personne (physique ou morale), par exemple, à la suite de l'achat du pavillon de banlieue de nos rêves qui fait de nous citoyens lambda, des citoyens de premier ordre dans la cité et dans la communauté.

D'autres penseront à la dette du devoir moral. C'est le cas où nous serions tenus de suppléer à un membre d'une fratrie qui serait défaillant, absent ou bien décédé, en prenant en charge l'éducation de ses enfants.

Quelques autres parmi les plus pessimistes penseraient à l'inverse à la conséquence de la non observation des règles nous obligeant à honorer ladite dette qualifiée de dette d'une vie, à savoir la faute morale qui ferait de nous, des gens peu recommandables vis à vis du seigneur au plus haut des cieux. Allusion directe à la charité chrétienne.

Pour d'autres encore il s'agirait de la dette sociale contractée par le pays, dette dont la durée serait comparable à celle d'une vie au nom de la continuité de l'Etat.

Cette énumération est loin d'être exhaustive.

Mais la dette dont je voudrais parler, concerne la dette contractée par une personne qui a pris une vie.

Selon le principe, celui qui a pris une vie, devra restituer une vie.

La sienne de préférence pour satisfaire à l'équité.

Celui qui prend une vie, reconnaît devoir une vie.

Ce serait la mention légale qui figurerait en toute première ligne sur le document de la reconnaissance de la dette.

Cette reconnaissance est à mon sens, le seul cas où la défaillance de la mémoire ne saurait être admise, car non consécutive à un bienfait.

En théorie, cela pourrait se concevoir, mais qu'en est-il dans la pratique ?

A l'époque, le système judiciaire s'appliquait sans pitié à rétablir l'équilibre.

Mais de nos jours, avec l'abolition de la peine de mort, comment se manifeste cette prise de conscience dans le cœur de l'assassin ?

Qu'en est-il pour l'assassin pur et dur, et non pas la personne qui à la suite d'une regrettable maladresse, ôte une vie sans intention de commettre l'irréparable ?

Qu'en t-il pour le tueur en série, cet être abject dont l'objectif principal est d'ôter des vies ?

Tuer : un fond de commerce ? Une envie? Une raison de vivre ? Une bouffée d'oxygène pour survivre ?

D'aucun m'objecterait que l'assassin n'a pas de conscience.

L'absence de conscience justifierait dans ce cas, son incapacité à formuler un jugement moral lui permettant de distinguer le bien du mal.

     Que dire de plus ?

Mais, le passage à l'acte obéit nécessairement à un enchaînement de comportements qui  ne peut être possible que sous le couvert d'une pleine conscience des actes commis avant ou après l'accomplissement du meurtre.

De la préparation du meurtre en passant par le choix de la victime, pour terminer sous la douche purificatrice, tout ne peut s'expliquer par l'existence d'une pulsion qui serait le point de départ de ces faits divers dont nous sommes abreuvés par les journaux à longueur de temps.

Ainsi, à supposer que tout meurtre trouve son explication dans l'existence d'une pulsion meurtrière initiale, il n'en demeure pas moins que,  la conscience du meurtrier ne soulève aucun doute en tant que composante des éléments constitutifs du meurtre perpétré. Elle occupe même une place prépondérante dans ce processus.

Il est donc permis d'imaginer le face à face entre l'assassin et sa victime le suppliant de lui laisser la vie sauve, prête à lui témoigner une

     Que dire de plus ?

reconnaissance éternelle en échange de sa vie.

On peut donc se poser la question de savoir, comment de telles suppliques, ne puissent pas estomper les effets de cette pulsion meurtrière pour faire émerger la pleine conscience permettant à l'assassin de revenir à la raison ?

S'il est possible de penser que la notion du bien et du mal est une invention des hommes pour se fabriquer un alibi ou pour se dédouaner, la pleine conscience de l'assassin ne lui permet généralement pas de faire preuve de discernement sous le prétexte qu'il obéit à une pulsion meurtrière.

La reconnaissance dont il pourrait s'honorer et s'enorgueillir pour avoir épargné une vie, lui est tout à fait étrangère.

Dans la mort, la victime de l'assassin ne pourra pas lui dire :

*« Il me plaît de savoir que je vous dois la vie. »*

Que dire de plus ?

# CONCLUSION GÉNÉRALE.



Que dire de plus ?

Que dire de plus ?

Tenter d'expliquer la complexité de l'être humain, est une œuvre titanesque.

L'approche qui a été la mienne dans l'élaboration de cet ouvrage, m'a permis d'entrevoir les différents aspects de cet univers si particulier, univers dans lequel, il n'est pas aisé de comprendre les motivations qui conduisent à tel ou tel comportement constaté et avéré chez l'être humain pris

     Que dire de plus ?

individuellement ou collectivement.

Le collectif, (ce magma de personnalités dénaturées, saupoudré d'un soupçon de civilisation), a ceci de particulier qu'il déforme la vision que l'on pourrait avoir de l'être humain. Une sorte de miroir déformant qui renvoie une image peu flatteuse.

Il est dommageable que l'être humain qui est réputé doué de raison, puisse au sein du groupe, travestir sa personnalité en mettant son discernement en berne.

Paradoxalement, la liberté de ce même être humain, repose essentiellement sur sa capacité à faire preuve de discernement.

Mais une fois empêtré dans le groupe, cette liberté s'évapore comme par magie.

Ses choix sont considérablement limités.

Il s'éloigne de son éthique personnelle.

Ses sens sont amortis. Il ne ressent plus grand-chose. Il perd toute sensibilité. Il n'est que l'ombre de lui-même, une sorte de zombi.

Les préjugés du groupe sont désormais les siens. Il est porté par le groupe. Il s'identifie au groupe.

Son esprit ne lui appartient plus.

Il ne fait plus preuve de discernement sur ses propres jugements.

Il n'appréhende plus intuitivement la réalité des choses, comptant sur les instructions du groupe pour se déterminer.

Son langage est désormais composé d'éléments de langages édictés par le groupe.

D'autre part, il existe une autre facette de l'être humain qui étonne et fascine à la fois.

De nos jours, pris individuellement, l'être humain semble dénué de tout sentiment de compassion à l'égard de son semblable.

Le « chacun pour soi » est devenu la règle

dans tous les compartiments de la vie.

Chaque action individuelle répond désormais à un intérêt particulier : un don est assorti d'un allègement fiscal incitatif.

Plus rien ne se fait à titre gracieux.

L'altruisme ne fait plus partie du vocabulaire usuel de l'être humain.

La reconnaissance est devenue une notion désuète voire obsolète.

De là où nous nous plaçons pour dresser cet état des lieux déconcertant, tout dépend de notre âge et des éléments de comparaison mis à notre disposition par notre expérience de la vie.

Cela va sans dire.

Soit, nous sommes profondément déçus et effrayés par l'évolution de l'être humain dans la société actuelle, soit, nous sommes confrontés à des combats singuliers pour subsister.

L'observateur âgé n'est pas mieux loti que la jeunesse d'aujourd'hui qui tel le chiendent, pousse là où elle peut, comme elle peut, n'obéissant à aucune règle, sauf à celle liée à l'instinct de survie, avec les conséquences désastreuses que l'on peut imaginer.

109        Que dire de plus ?

Que dire de plus ?

111       Que dire de plus ?

Éditeur : BoD-Books on Demand, 12/14 rond point des Champs Élysées, 75008 Paris, France
Impression: BoD-Books on Demand, Norderstedt, Allemagne
ISBN : 9782322119653
Dépôt légal : Juillet, 2019

112           Que dire de plus ?